E-BOOK: DOMINANDO LIVES NAS REDES SOCIAIS – GUIA COMPLETO PASSO A PASSO

ÍNDICE

1. Introdução
- O Poder das Lives nas Redes Sociais
- Por que Fazer Lives?
- Objetivos do E-book

2. Capítulo 1: Como Fazer Lives no Instagram

- 1.1 Preparação Inicial
- Criando uma Conta de Negócios
- Configurando o Perfil para Lives

- 1.2 Planejamento da Live
- Escolha do Tema
- Definindo Objetivos e Público-Alvo

- 1.3 Ferramentas e Recursos Necessários
- Equipamentos
- Aplicativos Complementares

- 1.4 Iniciando a Live
- Passo a Passo de Como Iniciar uma Live no Instagram
- Dicas para Interagir com a Audiência

- 1.5 Pós-Live
- Salvamento e Compartilhamento do Conteúdo
- Análise de Resultados

3. CAPÍTULO 2: COMO FAZER LIVES NO FACEBOOK

- 2.1 Preparação Inicial
- Criando uma Página de Negócios
- Configurações para Otimizar a Live

- 2.2 Planejamento da Live
- Escolha do Tema
- Estratégias para Aumentar o Alcance

- 2.3 Ferramentas e Recursos Necessários
- Equipamentos
- Ferramentas de Produção

- 2.4 Iniciando a Live
- Passo a Passo de Como Iniciar uma Live no Facebook
- Engajamento em Tempo Real

- 2.5 Pós-Live
- Avaliação de Desempenho
- Como Utilizar a Gravação

4. CAPÍTULO 3: COMO FAZER LIVES NO YOUTUBE

- 3.1 Preparação Inicial
- Configurando o Canal
- Requisitos para Fazer Lives

- 3.2 Planejamento da Live
- Escolha do Tema e Palavra-Chave
- Estratégias para SEO em Lives

- 3.3 Ferramentas e Recursos Necessários
- Equipamentos
- Softwares de Streaming

- 3.4 Iniciando a Live
- Passo a Passo de Como Iniciar uma Live no YouTube
- Dicas de Interação e Retenção de Audiência

- 3.5 Pós-Live
- Análise de Dados e Engajamento
- Como Monetizar a Gravação

5. CAPÍTULO 4: COMO FAZER LIVES NO TIKTOK

- 4.1 Preparação Inicial
- Configurando o Perfil
- Requisitos para Habilitar Lives

- 4.2 Planejamento da Live
- Escolha do Tema
- Dicas para Criatividade e Engajamento

- 4.3 Ferramentas e Recursos Necessários
- Equipamentos
- Aplicativos e Ferramentas Criativas

- 4.4 Iniciando a Live
- Passo a Passo de Como Iniciar uma Live no TikTok
- Técnicas para Manter a Audiência Engajada

- 4.5 Pós-Live
- Análise de Desempenho
- Como Reutilizar o Conteúdo

6. CAPÍTULO 5: COMO FAZER LIVES NO LINKEDIN

- 5.1 Preparação Inicial
- Criando e Otimizando o Perfil
- Requisitos para Acessar Lives

- 5.2 Planejamento da Live
- Escolha do Tema
- Estratégias de Conteúdo Profissional

- 5.3 Ferramentas e Recursos Necessários
- Equipamentos
- Ferramentas de Produção

- 5.4 Iniciando a Live
- Passo a Passo de Como Iniciar uma Live no LinkedIn
- Engajamento com a Audiência Corporativa

- 5.5 Pós-Live
- Análise de Resultados
- Networking e Seguimento

7. CAPÍTULO 6: DICAS GERAIS PARA TODAS AS REDES

- 6.1 Melhorando a Qualidade do Vídeo e Áudio
- 6.2 Estratégias de Engajamento em Tempo Real
- 6.3 Como Promover Suas Lives Antecipadamente
- 6.4 Ferramentas de Multiplataforma para Lives Simultâneas
- 6.5 Análise de Desempenho e Ajustes Futuros

8. CAPÍTULO 7: CASOS DE SUCESSO E MELHORES PRÁTICAS

- 7.1 Exemplos de Lives Bem-Sucedidas
- 7.2 Lições Aprendidas e Dicas de Profissionais

9. CONCLUSÃO

- Resumo dos Pontos Principais
- Próximos Passos para Alavancar Suas Lives
- Recursos Adicionais e Ferramentas Recomendadas

10. BÔNUS: CHECKLISTS E TEMPLATES

- Checklist Pré-Live
- Checklist Pós-Live
- Template de Roteiro de Live
- Template de Planejamento de Conteúdo para Lives

E-BOOK: DOMINANDO LIVES NAS REDES SOCIAIS – GUIA COMPLETO PASSO A PASSO

Introdução

As lives nas redes sociais revolucionaram a maneira como nos comunicamos online, permitindo que marcas, influenciadores e usuários comuns se conectem em tempo real com suas audiências. Ao oferecer uma experiência autêntica e interativa, as lives criam um senso de proximidade que outras formas de conteúdo digital simplesmente não conseguem alcançar.

Neste e-book, você aprenderá tudo o que precisa saber para realizar lives de sucesso em várias plataformas, com orientações passo a passo adaptadas para cada rede social. Se você é um iniciante ou um usuário experiente que busca otimizar suas transmissões ao vivo, este guia servirá como uma referência completa para elevar o nível das suas lives e engajar ainda mais sua audiência.

POR QUE FAZER LIVES?

Fazer lives é uma das formas mais eficazes de engajar sua audiência em tempo real, permitindo que você interaja diretamente, responda perguntas e ofereça um conteúdo dinâmico e envolvente. Com o aumento da popularidade das redes sociais, as lives se tornaram uma ferramenta indispensável para quem deseja se destacar e criar uma conexão mais profunda com seu público.

OBJETIVOS DO EBOOK

- Fornecer um guia detalhado sobre como realizar lives de sucesso em várias plataformas de mídia social.
- Oferecer dicas práticas e estratégicas para planejar, executar e analisar suas transmissões ao vivo.
- Ajudar você a escolher a plataforma certa para suas necessidades e como maximizar seu alcance e engajamento.

CAPÍTULO 1: COMO FAZER LIVES NO INSTAGRAM

O Instagram é uma das plataformas mais populares para transmissões ao vivo, especialmente entre criadores de conteúdo, influenciadores e marcas que desejam interagir de forma direta e instantânea com seus seguidores. Vamos explorar passo a passo como preparar, executar e analisar suas lives no Instagram.

1.1 PREPARAÇÃO INICIAL

Criando uma Conta de Negócios

Para maximizar o potencial de suas lives no Instagram, o primeiro passo é garantir que você tenha uma conta de negócios. Isso permitirá acesso a métricas detalhadas, como alcance e engajamento, que são essenciais para avaliar o sucesso das suas transmissões ao vivo.

PASSOS PARA CONVERTER PARA UMA CONTA DE NEGÓCIOS:

1. Acesse o seu perfil e toque no menu (três linhas horizontais) no canto superior direito.

2. Selecione "Configurações".

3. Toque em "Conta".

4. Selecione "Mudar para conta profissional".

5. Escolha "Negócios" e siga as instruções para configurar seu perfil.

CONFIGURANDO O PERFIL PARA LIVES

Certifique-se de que seu perfil está otimizado para atrair e reter novos seguidores durante e após as suas lives. Isso inclui ter uma bio clara e atraente, usar uma imagem de perfil reconhecível e manter suas informações de contato atualizadas.

1.2 PLANEJAMENTO DA LIVE

ESCOLHA DO TEMA

Escolher o tema certo é crucial para o sucesso de sua live. O tema deve ser relevante para seu público-alvo e estar alinhado com os interesses e necessidades deles. Considere realizar enquetes nos stories para descobrir o que seus seguidores gostariam de ver.

DEFININDO OBJETIVOS E PÚBLICO-ALVO

Antes de iniciar a live, defina claramente o objetivo que você deseja alcançar. Seja para educar, entreter ou promover um produto, ter um objetivo claro ajudará a orientar o conteúdo e manterá o foco durante a transmissão. Conhecer bem o seu público-alvo também é essencial para adaptar a linguagem e o estilo da apresentação.

1.3 FERRAMENTAS E RECURSOS NECESSÁRIOS

EQUIPAMENTOS

Para uma live de qualidade, você precisará de alguns equipamentos básicos:

Smartphone com câmera de boa qualidade: A maioria dos dispositivos modernos oferece câmeras que podem capturar vídeos em alta definição.

Tripé ou suporte para smartphone: Para evitar que a imagem fique tremida e proporcionar uma experiência visual mais agradável.

Iluminação adequada: Luz natural ou uma ring light podem melhorar significativamente a qualidade do vídeo.

Microfone externo: Embora os microfones embutidos funcionem, um microfone externo pode oferecer uma qualidade de áudio muito superior.

APLICATIVOS COMPLEMENTARES

Aplicativos de edição de vídeo (opcional): Para criar teasers ou highlights da sua live, ferramentas como InShot ou Adobe Premiere Rush podem ser úteis.

Ferramentas de interação (opcional): Apps como Polls ou quiz podem ser usados para interagir com a audiência de forma mais dinâmica.

1.4 INICIANDO A LIVE

Passo a Passo de Como Iniciar uma Live no Instagram

1. Abra o aplicativo do Instagram e deslize para a direita para acessar a câmera.
2. No menu inferior, deslize até encontrar a opção "Ao Vivo".
3. Personalize as configurações da live (como quem pode assistir e se você quer desativar comentários).
4. Toque no botão central para iniciar a transmissão ao vivo.
5. Durante a live, você pode adicionar filtros, convidar outras pessoas para participar e até fixar comentários importantes.

Dicas para Interagir com a Audiência

Saudações iniciais: Cumprimente as pessoas pelo nome à medida que elas entram na live.
Faça perguntas: Incentive a interação perguntando a opinião do público ou pedindo que eles compartilhem suas experiências.
Responda comentários: Reserve tempo para ler e responder comentários em tempo real, criando uma conexão mais pessoal com sua audiência.

1.5 PÓS-LIVE

Salvamento e Compartilhamento do Conteúdo

Após o término da live, você pode salvá-la no seu dispositivo e compartilhá-la no IGTV para que os seguidores que perderam a transmissão possam assistir mais tarde. Considere também promover o replay nos seus stories ou feed.

ANÁLISE DE RESULTADOS

Use as métricas do Instagram para avaliar o sucesso da sua live. Verifique o número de visualizações, o tempo de permanência dos espectadores e o nível de engajamento (curtidas, comentários, compartilhamentos). Isso ajudará a entender o que funcionou bem e o que pode ser melhorado nas próximas transmissões.

QUAIS AS PRINCIPAIS DIRETRIZES DO INSTAGRAM

O Instagram, como plataforma social, tem várias diretrizes principais que os usuários devem seguir para garantir um ambiente seguro e positivo. Aqui estão algumas das principais diretrizes:

1. **Conteúdo Impróprio**: Não é permitido compartilhar conteúdo que seja violento, ofensivo, ou sexualmente explícito. O Instagram tem políticas rígidas contra pornografia, discurso de ódio, assédio e ameaças.

2. **Desinformação e Fake News**: A disseminação de informações falsas ou enganosas é desencorajada. O Instagram tenta combater a desinformação, especialmente em temas sensíveis como saúde e eleições.

3. **Segurança de Menores**: A proteção de menores é uma prioridade. O Instagram tem diretrizes específicas para garantir que o conteúdo e a interação com usuários menores de idade sejam apropriados.

4. **Privacidade e Proteção de Dados**: Não é permitido compartilhar informações pessoais de outros usuários

sem o consentimento deles. Isso inclui endereços, números de telefone, e outras informações privadas.
5. **Propriedade Intelectual**: O Instagram respeita os direitos autorais e não permite a postagem de conteúdo que infrinja direitos de propriedade intelectual de terceiros, como músicas, vídeos e imagens protegidos por copyright.
6. **Comércio e Publicidade**: A promoção de produtos e serviços deve seguir as regras da plataforma, incluindo a identificação clara de postagens patrocinadas e a proibição de produtos proibidos, como drogas ilícitas.
7. **Comportamento Enganoso**: O Instagram não permite práticas como spam, compra de seguidores, ou uso de bots para manipulação de engajamento.

Essas diretrizes são desenhadas para manter a comunidade do Instagram segura e respeitosa. A plataforma revisa e atualiza regularmente suas políticas para responder a novos desafios e necessidades dos usuários.

CAPÍTULO 2: COMO FAZER LIVES NO FACEBOOK

O Facebook, com sua vasta base de usuários, é uma plataforma poderosa para realizar transmissões ao vivo. Suas ferramentas de compartilhamento e interação tornam as lives uma excelente maneira de engajar com uma audiência diversificada e global.

2.1 PREPARAÇÃO INICIAL

<u>Criando uma Página de Negócios</u>

Se ainda não tiver uma página de negócios no Facebook, este é o primeiro passo para começar a fazer lives de maneira profissional. Uma página de negócios oferece funcionalidades adicionais, como acesso a métricas detalhadas e opções de promoção.

Passos para Criar uma Página de Negócios:

1. No seu perfil pessoal, clique em "Páginas" no menu à esquerda.
2. Clique em "Criar Nova Página".
3. Preencha as informações necessárias, como nome da página, categoria e descrição.
4. Adicione uma foto de perfil e uma imagem de capa profissional.
5. Preencha as informações de contato e publique a página.

Configurações para Otimizar a Live

Antes de iniciar sua live, é importante configurar a página de negócios para otimizar o engajamento. Certifique-se de que as informações de contato estão visíveis, as seções da página são relevantes e o layout é atrativo.

2.2 PLANEJAMENTO DA LIVE

ESCOLHA DO TEMA

O tema da live deve ser alinhado com os interesses do seu público-alvo. Pesquise tópicos populares no seu nicho e considere o que geraria maior engajamento. O Facebook também oferece insights que podem ajudar a identificar quais tipos de conteúdo performam melhor com seus seguidores.

Estratégias para Aumentar o Alcance

Agende a Live: O Facebook permite que você agende lives com antecedência, o que ajuda a gerar expectativa e permite que os seguidores recebam notificações.

Promova a Live: Use postagens, stories e até mesmo anúncios para promover sua live. Encoraje seus seguidores a compartilharem a transmissão com suas redes.

Crie um evento: Criar um evento no Facebook para sua live pode aumentar a visibilidade e permitir que os usuários confirmem presença, recebendo lembretes antes da transmissão.

2.3 FERRAMENTAS E RECURSOS NECESSÁRIOS

Equipamentos

Câmera de Alta Qualidade: Pode ser a câmera do seu smartphone, webcam ou uma câmera profissional, dependendo da qualidade desejada.
Estabilizador ou Tripé: Para garantir uma filmagem estável.
Microfone Externo: Para melhorar a qualidade do som.
Fonte de Iluminação: Uma ring light ou luzes de estúdio podem fazer a diferença na qualidade visual.

FERRAMENTAS DE PRODUÇÃO

Facebook Creator Studio: Ferramenta gratuita do Facebook que permite planejar e gerenciar lives, com recursos como agendamento e análise de desempenho.
OBS Studio: Software gratuito de código aberto que permite adicionar gráficos, múltiplas câmeras e outras funcionalidades avançadas durante a transmissão.
StreamYard: Plataforma de streaming que facilita transmissões ao vivo com múltiplos participantes, integração com comentários, e customização de layout.

2.4 INICIANDO A LIVE

PASSO A PASSO DE COMO INICIAR UMA LIVE NO FACEBOOK

1. Acesse sua página de negócios no Facebook.
2. No topo do feed, clique em "Criar publicação" e selecione "Ao Vivo".
3. Escolha entre usar a câmera do dispositivo ou conectar um software de streaming.
4. Adicione um título atraente, uma descrição clara e tags relevantes.
5. Escolha as opções de privacidade (público, amigos, etc.) e selecione se deseja transmitir para um evento ou grupo específico.
6. Clique em "Transmitir ao vivo" para iniciar a transmissão.

ENGAJAMENTO EM TEMPO REAL

Reconheça os Espectadores: Dê boas-vindas a novos espectadores e agradeça aqueles que estão interagindo com a live.

Faça Perguntas e Enquetes Incentive a participação ativa pedindo a opinião dos espectadores ou criando enquetes ao vivo.

Responda Comentários: Tente responder o máximo de perguntas possível durante a transmissão, e agradeça a participação do público.

2.5 PÓS-LIVE

Avaliação de Desempenho

Após a live, utilize as métricas do Facebook para analisar o desempenho. Verifique o número de visualizações, a duração média de visualização, e o engajamento (comentários, reações, compartilhamentos).

COMO UTILIZAR A GRAVAÇÃO

Reaproveitamento de Conteúdo: Compartilhe a gravação da live na página ou edite o vídeo para criar clipes menores que podem ser usados em outros canais.

RESPONDER COMENTÁRIOS:

Continue a engajar com os comentás que forem feitos após o término da live.

CAPÍTULO 3: COMO FAZER LIVES NO YOUTUBE

O YouTube é uma das plataformas de vídeo mais influentes do mundo, e suas funcionalidades de live streaming oferecem oportunidades únicas para engajar com uma audiência global.

3.1 PREPARAÇÃO INICIAL

CONFIGURANDO O CANAL

Antes de realizar uma live, é fundamental que seu canal no YouTube esteja otimizado. Isso inclui ter uma descrição clara, um banner atraente e links para suas redes sociais.

REQUISITOS PARA FAZER LIVES

Para fazer lives no YouTube, é necessário que o seu canal tenha pelo menos 50 inscritos e que a verificação por telefone esteja completa. Para transmitir diretamente do celular, o canal precisa ter no mínimo 1.000 inscritos.

PASSOS PARA CONFIGURAR O CANAL:

1. Acesse o YouTube Studio e clique em "Personalização" no menu lateral.
2. Edite as seções do canal, como "Sobre" e "Links", e escolha uma imagem de banner que represente bem a marca.
3. Ative a funcionalidade de live streaming nas configurações do canal.

3.2 PLANEJAMENTO DA LIVE

Escolha do Tema e Palavra-Chave

No YouTube, o SEO é um fator crucial. Escolher um tema relevante e otimizar a live com palavras-chave apropriadas pode melhorar significativamente o alcance orgânico. Pesquise palavras-chave usando ferramentas como Google Trends ou o Planejador de Palavras-Chave do Google Ads.

ESTRATÉGIAS PARA SEO EM LIVES

Título e Descrição Otimizados:
Inclua a palavra-chave principal no título e na descrição da live. Certifique-se de que a descrição é detalhada e inclui links para outros vídeos ou páginas de contato.
Tags Relevantes: Adicione tags relacionadas ao tema para ajudar o YouTube a categorizar e recomendar sua live.

MINIATURA ATRAENTE:

Crie uma miniatura personalizada que chame a atenção e incentive os usuários a clicarem na live.

3.3 FERRAMENTAS E RECURSOS NECESSÁRIOS

EQUIPAMENTOS

Câmera de Alta Qualidade:

Pode ser a câmera do smartphone, webcam, ou câmeras DSLR/Mirrorless, dependendo do nível de produção desejado.

Microfone de Boa Qualidade:

Um microfone de lapela ou de mesa pode melhorar muito a qualidade do áudio.

Iluminação Adequada:

Softboxes, ring lights, ou luzes LED podem ajudar a iluminar a cena de forma uniforme.

SOFTWARES DE STREAMING

OBS Studio: Software gratuito que permite a customização da transmissão, com possibilidade de adicionar múltiplas câmeras, gráficos e cenas.
Streamlabs:
Outra opção popular que oferece funcionalidades adicionais, como widgets para doações e alertas durante a live.

YOUTUBE LIVE DASHBOARD:

Ferramenta nativa do YouTube para gerenciar e monitorar sua transmissão ao vivo.

3.4 INICIANDO A LIVE

PASSO A PASSO DE COMO INICIAR UMA LIVE NO YOUTUBE

1. Acesse o YouTube Studio e clique em "Transmitir ao Vivo" no menu à esquerda.
2. Escolha se quer transmitir agora ou agendar a live para uma data futura.
3. Configure as opções de transmissão, incluindo título, descrição, privacidade e categoria.
4. Selecione a câmera e o microfone que deseja usar, ou conecte um software de streaming.
5. Clique em "Transmitir ao Vivo" para iniciar a transmissão.

DICAS DE INTERAÇÃO E RETENÇÃO DE AUDIÊNCIA

Interaja Com os Comentários:

Mantenha um diálogo contínuo com sua audiência, respondendo perguntas e reconhecendo seus comentários.

USE SUPER CHATS:

Se você estiver monetizando sua live, incentive os espectadores a enviar Super Chats para que suas mensagens se destaquem.

Promova Outros Conteúdos: Durante a live, promova outros vídeos ou playlists que possam interessar à sua audiência.

3.5 PÓS-LIVE

ANÁLISE DE DADOS E ENGAJAMENTO

Após a live, acesse o YouTube Analytics para analisar métricas como número de espectadores simultâneos, duração média de visualização, engajamento e fontes de tráfego. Use esses dados para entender o que funcionou bem e o que pode ser melhorado.

COMO MONETIZAR A GRAVAÇÃO

Adsense: Ative a monetização no vídeo da live para gerar receita com anúncios.

Membros do Canal:

Incentive os espectadores a se tornarem membros do canal para acessar conteúdos exclusivos.

Patrocínios:

Utilize a gravação da live para destacar produtos

CAPÍTULO 4: COMO FAZER LIVES NO TIKTOK

O TikTok, conhecido por seu formato de vídeo curto e viralidade, também oferece uma plataforma poderosa para transmissões ao vivo. As lives no TikTok são uma ótima maneira de aumentar o engajamento e ganhar seguidores rapidamente.

4.1 PREPARAÇÃO INICIAL

Requisitos para Fazer Lives no TikTok

Para realizar lives no TikTok, você precisa ter pelo menos 1.000 seguidores. Além disso, o acesso à funcionalidade de live pode variar de acordo com a região.

Otimização do Perfil

Certifique-se de que seu perfil esteja otimizado para atrair novos seguidores durante a live. Isso inclui uma bio clara, um link para suas outras redes sociais, e vídeos que representem bem o seu conteúdo.

Passos para Configurar o Perfil:

1. Acesse "Editar Perfil" e atualize sua bio, foto de perfil e links.
2. Ative a função "Contas Comerciais" para acessar ferramentas adicionais e métricas.

4.2 PLANEJAMENTO DA LIVE

Escolha do Tema e Tópicos Virais

No TikTok, o sucesso de uma live depende muito da escolha do tema e da relevância para o momento. Use hashtags populares e temas que estejam em alta para aumentar as chances de viralizar.

PROMOÇÃO ANTECIPADA

Stories no TikTok: Use os stories para anunciar a live e criar expectativa.

Colaborações:
Colabore com outros criadores para atrair suas audiências.
Anúncios no TikTok: Considere investir em anúncios para promover sua live, atingindo um público mais amplo.

4.3 FERRAMENTAS E RECURSOS NECESSÁRIOS

Equipamentos

SMARTPHONE COM BOA CÂMERA:

Como o TikTok é uma plataforma móvel, a câmera do smartphone deve ter boa qualidade.

Microfone Externo:

Um microfone de lapela ou fone de ouvido com microfone embutido pode ajudar a melhorar o som.

Iluminação Natural ou Artificial:
Certifique-se de estar em um ambiente bem iluminado para que a qualidade do vídeo seja maximizada.

Ferramentas Adicionais

Efeitos e Filtros do TikTok: Use os efeitos e filtros da plataforma para tornar a live mais dinâmica e visualmente interessante.
OBS Studio ou Streamlabs: Se quiser uma produção mais avançada, pode usar software de streaming conectando ao TikTok através de ferramentas como RTMP.

4.4 INICIANDO A LIVE

Passo a Passo de Como Iniciar uma Live no TikTok

1. Abra o aplicativo TikTok e toque no ícone "+" para criar um novo vídeo.
2. No menu inferior, deslize para a opção "Ao Vivo".
3. Adicione um título atraente que chame a atenção dos espectadores.
4. Escolha se deseja adicionar efeitos, filtros ou outras personalizações.
5. Toque em "Transmitir ao Vivo" para iniciar a transmissão.

Estratégias de Engajamento

Reconheça os Seguidores:
Agradeça os novos seguidores e mencione-os durante a live.

Responda a Perguntas em Tempo Real:
Incentive os espectadores a fazer perguntas e responda-as ao vivo. Use Gifts: No TikTok, os espectadores podem enviar presentes virtuais. Incentive-os a enviar gifts durante a live para aumentar o engajamento.

4.5 PÓS-LIVE

Análise de Desempenho
Use as ferramentas de análise do TikTok para revisar a performance da live. Verifique o número de espectadores, curtidas, comentários e gifts recebidos. Isso ajudará a entender quais estratégias funcionaram melhor.

Como Reutilizar o Conteúdo

Compartilhe Clips: Edite partes da live e compartilhe como novos vídeos no TikTok.

Promova Outras Redes: Use a gravação para promover seu conteúdo em outras plataformas, como

Instagram ou YouTube.

Monetize com Parcerias: Se a live tiver alta visualização, considere oferecer a gravação como um conteúdo exclusivo para parceiros ou patrocinadores.

AS PRINCIPAIS DERETRIZES DO TIKTOK

As diretrizes para lives no TikTok são estabelecidas para garantir uma experiência segura, inclusiva e positiva para todos os usuários. Elas abordam uma variedade de aspectos, desde comportamento adequado durante a transmissão ao vivo até regras específicas sobre o conteúdo permitido. Abaixo estão as principais diretrizes que você deve seguir ao fazer uma live no TikTok:

1. IDADE MÍNIMA PARA FAZER LIVES

- **Idade mínima:** Para fazer lives no TikTok, o usuário deve ter no mínimo 16 anos. Para usar a função de dar e receber presentes virtuais durante a live, o usuário deve ter pelo menos 18 anos.

2. CONTEÚDO PROIBIDO

- **Violência e Comportamento Perigoso:**
    - Não é permitido mostrar ou incentivar violência, ameaças, automutilação, ou comportamentos perigosos, como desafios arriscados.
- **Nudez e Conteúdo Sexual:**
    - É estritamente proibido exibir nudez ou conteúdo sexualmente sugestivo. Isso inclui roupas inadequadas, gestos ou linguagem obscena.
- **Assédio e Discurso de Ódio:**
    - Qualquer forma de assédio, bullying, ou discurso de ódio contra indivíduos ou grupos com base em raça, etnia, religião, gênero, identidade de gênero, orientação sexual, deficiência, entre outros, é proibido.
- **Informações Falsas e Boatos:**
    - Não é permitido disseminar informações falsas, boatos ou teorias da conspiração, especialmente aquelas que possam causar danos físicos, emocionais ou sociais.

3. PRIVACIDADE E SEGURANÇA

- **Respeito à Privacidade:**
  - Não é permitido compartilhar informações pessoais sensíveis de outras pessoas, como endereços, números de telefone, ou detalhes financeiros.
- **Proteção de Crianças:**
  - Conteúdo que envolva ou exponha crianças de maneira inadequada ou perigosa é estritamente proibido.

4. INTERAÇÕES DURANTE A LIVE

- **Moderadores:**
    - É possível designar moderadores durante a live para ajudar a controlar o chat, remover comentários inapropriados e bloquear usuários que violem as regras.
- **Presentes Virtuais:**
    - Durante as lives, os espectadores podem enviar presentes virtuais, que podem ser convertidos em dinheiro real. No entanto, essa função é apenas para usuários com 18 anos ou mais.

5. RESPEITO ÀS LEIS LOCAIS

- **Conformidade Legal:**
    - Os usuários devem cumprir todas as leis e regulamentos locais aplicáveis durante a transmissão ao vivo. Isso inclui regras sobre direitos autorais, privacidade, e atividades ilegais.
- **Proibição de Atividades Ilegais:**
    - Qualquer atividade ilegal, como o uso de drogas, promoção de atividades ilícitas, ou tráfico de seres humanos, é proibida e será reportada às autoridades.

6. DIREITOS AUTORAIS E PROPRIEDADE INTELECTUAL

- **Música e Conteúdo Protegido:**
    - O uso de músicas, vídeos, ou qualquer outro material protegido por direitos autorais sem a devida autorização pode resultar na remoção do conteúdo ou na suspensão da conta. O TikTok oferece uma biblioteca de músicas licenciadas que podem ser usadas durante as lives.

7. SPAM E MANIPULAÇÃO DE PLATAFORMA

- **Proibição de Spam:**
    - Não é permitido o uso de táticas de spam, como o envio repetido de mensagens, convites, ou pedidos durante a live.
- **Engajamento Artificial:**
    - Qualquer tentativa de manipular o algoritmo da plataforma através de engajamento artificial, como o uso de bots, é proibida.

8. DIRETRIZES ADICIONAIS

- **Moderação de Comentários:**
    - Os criadores são incentivados a moderar seus chats, utilizando as ferramentas disponíveis para bloquear palavras específicas ou silenciar usuários que violem as diretrizes.
- **Reportar Abusos:**
    - Espectadores e criadores têm a opção de reportar atividades suspeitas ou que violem as diretrizes da comunidade durante uma live.

9. PENALIDADES POR VIOLAÇÃO

- **Suspensão Temporária:**
    - Contas que violam repetidamente as diretrizes podem ser suspensas temporariamente de fazer lives.

- **Banimento Permanente:**
    - Em casos graves ou de repetidas violações, a conta pode ser banida permanentemente da plataforma.

10. FERRAMENTAS DE CONTROLE E MODERAÇÃO

- **Pausar ou Terminar Live:**
    - Os criadores podem pausar ou encerrar uma live a qualquer momento se identificarem comportamentos inadequados ou se precisarem interromper a transmissão por qualquer motivo.
- **Filtro de Comentários:**
    - O TikTok permite configurar filtros para bloquear automaticamente palavras ofensivas nos comentários durante a live.

Seguir essas diretrizes é fundamental para garantir que sua conta permaneça em boas condições e que suas lives sejam seguras e respeitosas para todos os espectadores.

CAPÍTULO 5: COMO FAZER LIVES NO LINKEDIN

O LinkedIn, conhecido como uma rede profissional, é uma excelente plataforma para realizar lives focadas em negócios, networking, e conteúdo educacional. As lives no LinkedIn são uma oportunidade única para estabelecer sua autoridade no seu nicho.

5.1 PREPARAÇÃO INICIAL

Requisitos para Fazer Lives no LinkedIn

Nem todos os usuários têm acesso à funcionalidade de live no LinkedIn. É necessário preencher um formulário de solicitação e atender a alguns requisitos, como ter uma página ativa e seguidores engajados.

Otimização do Perfil

Antes de iniciar suas lives, certifique-se de que seu perfil ou página da empresa esteja completo e otimizado. Isso inclui uma descrição detalhada, links para websites e outros perfis sociais, e recomendações de conexões.

Passos para Solicitar Acesso ao LinkedIn Live:

1. Acesse a página de ajuda do LinkedIn e procure por "LinkedIn Live".
2. Preencha o formulário de solicitação com suas informações e o motivo pelo qual deseja fazer lives.
3. Aguarde a aprovação e siga as instruções para ativar o recurso.

5.2 PLANEJAMENTO DA LIVE

Escolha do Tema e Público-Alvo

As lives no LinkedIn devem focar em temas profissionais que interessem ao seu público-alvo, como tendências do setor, desenvolvimento de carreira, ou estudos de caso empresariais.

Estratégias para Aumentar o Alcance

Agende a Live:
Como no Facebook, o LinkedIn permite que você agende lives com antecedência, o que ajuda a gerar expectativa e engajamento.
Promova em Grupos:
Participe de grupos relevantes e promova a live para atrair um público-alvo qualificado.
Colabore com Influenciadores:
Convide influenciadores ou especialistas do setor para co-hosting, o que pode aumentar a credibilidade e atrair mais espectadores.

5.3 FERRAMENTAS E RECURSOS NECESSÁRIOS

Equipamentos

Câmera e Microfone de Alta Qualidade: Como o público do LinkedIn é mais profissional, a qualidade do áudio e vídeo deve ser impecável.
Iluminação Adequada: Luz natural ou iluminação de estúdio deve ser utilizada para criar um ambiente profissional.
Ambiente Controlado: Certifique-se de estar em um ambiente silencioso e sem distrações para manter o foco na mensagem.

<u>Softwares de Streaming</u>

StreamYard: Uma das opções mais recomendadas para lives no LinkedIn, permitindo múltiplos hosts, gráficos customizados e integração direta com o LinkedIn Live.

Restream.io:

Ferramenta que permite transmitir simultaneamente em várias plataformas, incluindo o LinkedIn.

OBS Studio:

Para aqueles que preferem um software gratuito e customizável, OBS Studio é uma excelente escolha.

5.4 Iniciando a Live

Passo a Passo de Como Iniciar uma Live no LinkedIn

1. Acesse sua página ou perfil no LinkedIn e vá para o LinkedIn Live.
2. Escolha se deseja transmitir imediatamente ou agendar a live para uma data futura.
3. Configure as opções de transmissão, como título, descrição e tags.
4. Conecte o software de streaming (se estiver usando um) ou use a câmera integrada.
5. Clique em "Iniciar Transmissão" para começar a live.

Dicas de Engajamento

Conteúdo Valioso: Mantenha o foco em oferecer conteúdo valioso e relevante que realmente ajude seu público.

Interação Profissional:
Responda a perguntas e comentários de maneira profissional, mantendo a conversa focada no tema da live.

Chamada para Ação:
Inclua uma chamada para ação clara no final da live, seja para baixar um e-book, se inscrever em um webinar, ou seguir seu perfil.

5.5 PÓS-LIVE

Análise de Desempenho

Use as ferramentas de análise do LinkedIn para revisar a performance da live. Analise métricas como o número de visualizações, engajamento e o perfil dos espectadores (cargo, setor, localização). Isso ajudará a adaptar futuras lives para melhor atingir seu público-alvo.

Aproveitamento do Conteúdo

Reutilize a Gravação:

Compartilhe a gravação da live em grupos do LinkedIn, como um artigo ou postagens semanais.
Promova em Outras Redes: Use trechos da live para criar conteúdo para outras redes sociais, como Instagram ou Facebook.

Monetização:

Se a live tiver alta visualização, considere parcerias pagas para futuras transmissões ou use a gravação como conteúdo exclusivo para clientes.

CAPÍTULO 6: DICAS GERAIS PARA TODAS AS REDES

As lives são uma ferramenta poderosa para criar conexões autênticas com seu público, independentemente da plataforma que você esteja utilizando. Neste capítulo, vamos explorar dicas gerais que podem ser aplicadas a qualquer rede social, ajudando você a melhorar a qualidade das suas transmissões, engajar o público em tempo real, promover suas lives com antecedência e analisar o desempenho para ajustes futuros.

6.1 MELHORANDO A QUALIDADE DO VÍDEO E ÁUDIO

A qualidade do vídeo e do áudio é fundamental para garantir que sua audiência tenha uma experiência agradável e se mantenha engajada durante a live. Aqui estão algumas dicas essenciais:

- **Câmera de Qualidade:** Invista em uma boa câmera, preferencialmente uma que grave em HD ou Full HD. Se você estiver usando um smartphone, assegure-se de que a câmera tenha uma boa resolução.
- **Iluminação Adequada:** A iluminação faz toda a diferença na qualidade do vídeo. Use luz natural sempre que possível ou invista em um ring light ou softboxes para evitar sombras e garantir que seu rosto esteja bem iluminado.
- **Áudio Claro:** O som é tão importante quanto a imagem. Um microfone de boa qualidade pode fazer uma grande diferença. Microfones de lapela ou de mesa são boas opções para capturar sua voz com clareza, minimizando o ruído ambiente.
- **Ambiente Silencioso:** Escolha um local tranquilo para realizar sua live. Evite ambientes com muito eco ou barulhos que possam distrair sua audiência.

6.2 ESTRATÉGIAS DE ENGAJAMENTO EM TEMPO REAL

Manter a audiência engajada durante a live é essencial para o sucesso da transmissão. Aqui estão algumas estratégias para aumentar o engajamento:

- **Interação Constante:** Faça perguntas ao público e incentive-os a responder no chat. Isso cria uma sensação de comunidade e faz com que os espectadores se sintam parte da conversa.
- **Use Enquetes e Reações:** Se a plataforma permitir, utilize enquetes ao vivo e encoraje os espectadores a usarem reações para expressar o que estão sentindo. Isso mantém a energia da live alta e os espectadores envolvidos.
- **Chame-os pelo Nome:** Sempre que possível, chame os espectadores pelo nome quando responder às suas perguntas ou comentários. Isso torna a interação mais pessoal e valoriza a participação deles.
- **Momentos de Q&A:** Reserve um tempo para perguntas e respostas ao longo da live. Isso mostra que você está atento ao público e disposto a interagir diretamente com eles.

6.3 COMO PROMOVER SUAS LIVES ANTECIPADAMENTE

A promoção adequada de sua live é crucial para garantir que você tenha um bom público. Aqui estão algumas estratégias eficazes:

- **Anúncios Antecipados:** Comece a divulgar sua live com pelo menos uma semana de antecedência. Use posts em suas redes sociais, e-mails e até mesmo anúncios pagos para alcançar um público maior.
- **Crie um Evento:** Se a plataforma permitir, crie um evento e convide seu público para confirmar presença. Isso cria uma sensação de compromisso e ajuda a garantir que eles não esqueçam a data.
- **Teasers e Contagem Regressiva:** Publique pequenos teasers ou vídeos de contagem regressiva nos dias que antecedem a live para criar expectativa e aumentar a curiosidade do público.
- **Colaboração com Influenciadores:** Se possível, colabore com influenciadores ou outras marcas que possam promover sua live para um público diferente e aumentar seu alcance.

6.4 FERRAMENTAS DE MULTIPLATAFORMA PARA LIVES SIMULTÂNEAS

Transmitir sua live em várias plataformas simultaneamente pode ampliar seu alcance e maximizar seu público. Aqui estão algumas ferramentas que podem ajudar:

- **StreamYard:** Uma ferramenta fácil de usar que permite transmitir para várias plataformas, como YouTube, Facebook e LinkedIn, ao mesmo tempo. Oferece recursos como personalização de layout e inclusão de comentários na tela.
- **Restream:** Com o Restream, você pode transmitir sua live para mais de 30 plataformas simultaneamente. Ele também oferece análises integradas para monitorar o desempenho em tempo real.
- **OBS Studio:** Este software de código aberto é uma excelente opção para quem busca uma solução gratuita, mas poderosa. Com OBS, você pode configurar a transmissão para várias plataformas e personalizar sua live com sobreposições e transições.
- **Ecamm Live:** Ideal para usuários de Mac, essa ferramenta permite transmitir para várias plataformas e integra-se com softwares de videoconferência como Zoom, aumentando as possibilidades de transmissão.

6.5 ANÁLISE DE DESEMPENHO E AJUSTES FUTUROS

Após a live, é essencial analisar o desempenho para entender o que funcionou bem e o que pode ser melhorado. Aqui estão alguns passos para isso:

- **Métricas Principais:** Verifique métricas como o número de espectadores ao vivo, tempo de visualização, interações (comentários, reações) e taxa de retenção. Essas informações darão uma visão clara do impacto da sua live.
- **Feedback do Público:** Leia os comentários deixados pelos espectadores durante e após a live. Eles podem fornecer insights valiosos sobre o que gostaram ou não.
- **Replays e Análises:** Reassista à live para identificar pontos fortes e fracos. Considere também se houve algum problema técnico que possa ser evitado em futuras transmissões.
- **Ajustes para Próximas Lives:** Com base na análise, faça ajustes para suas próximas lives. Isso pode incluir melhorar a qualidade do áudio/vídeo, ajustar a estratégia de engajamento ou alterar a promoção antecipada para alcançar mais pessoas.

CONCLUSÃO

Seguindo essas dicas, você estará melhor preparado para realizar lives de alta qualidade em qualquer plataforma. Lembre-se de que o sucesso de uma live não depende apenas do conteúdo, mas também da preparação, promoção e análise pós-transmissão. Com o tempo e a prática, você se tornará cada vez mais eficiente em cativar sua audiência e alcançar seus objetivos.

CAPÍTULO 7: CASOS DE SUCESSO E MELHORES PRÁTICAS

O sucesso nas lives não acontece por acaso. Ele é resultado de planejamento, estratégia e a implementação de melhores práticas que fazem a diferença na experiência do público e nos resultados obtidos. Neste capítulo, exploraremos alguns casos de sucesso de lives bem-sucedidas e as lições aprendidas a partir desses exemplos, complementadas com dicas de profissionais experientes no assunto.

7.1 Exemplos de Lives Bem-Sucedidas

Para entender o que faz uma live ser bem-sucedida, vamos analisar alguns exemplos notáveis de transmissões ao vivo que alcançaram seus objetivos e deixaram um impacto duradouro.

1. Live da Marília Mendonça no YouTube:

Contexto:

Durante a pandemia de COVID-19, Marília Mendonça, uma das maiores estrelas da música sertaneja no Brasil, realizou uma live em seu canal no YouTube.

Resultados: A transmissão quebrou recordes, atingindo mais de 3 milhões de espectadores simultâneos.

Estratégia: A escolha de músicas populares, um ambiente familiar e a interação direta com o público contribuíram para o sucesso. A live também foi amplamente divulgada nas redes sociais, gerando uma enorme expectativa antes do evento.

2. Lançamento de Produto da Apple:

Contexto: A Apple é conhecida por seus eventos de lançamento transmitidos ao vivo, onde apresenta novos produtos e inovações tecnológicas.

Resultados: Esses eventos atraem milhões de espectadores em todo o mundo, criando um buzz significativo em torno dos novos lançamentos.

Estratégia: A Apple foca em uma produção de alta qualidade, com excelente iluminação, som e uma narrativa envolvente. Além disso, a empresa usa a escassez e o suspense para manter o público engajado durante todo o evento.

3. Webinar Educacional da HubSpot:

Contexto: A HubSpot, uma plataforma de inbound marketing, realiza regularmente webinars ao vivo para educar seu público sobre diferentes aspectos do marketing digital.

Resultados: Esses webinars têm uma alta taxa de retenção e conversão, gerando leads qualificados para a empresa.

Estratégia: Os webinars são altamente informativos e interativos, com a participação de especialistas da indústria. A HubSpot também utiliza recursos visuais e ferramentas interativas para manter o público engajado.

4. Leilão Beneficente da UNICEF:

Contexto: A UNICEF organizou um leilão beneficente ao vivo para arrecadar fundos para crianças em situação de vulnerabilidade.

Resultados: O leilão não apenas atingiu, mas superou sua meta de arrecadação, graças ao envolvimento de celebridades e a divulgação massiva antes do evento.

Estratégia: A UNICEF usou uma combinação de storytelling emocional e parcerias estratégicas para amplificar o alcance e engajar os espectadores a contribuir.

7.2 Lições Aprendidas e Dicas de Profissionais

Cada uma das lives mencionadas acima oferece lições valiosas que podem ser aplicadas a suas próprias transmissões ao vivo. Vamos destacar algumas dessas lições e complementar com dicas de profissionais que têm vasta experiência na realização de lives de sucesso.

1. Conexão com o Público:

Lição: Como demonstrado na live da Marília Mendonça, criar uma conexão autêntica com o público é fundamental. Seja ao responder perguntas, mencionar os espectadores pelo nome ou oferecer conteúdo relevante e emocional, manter essa proximidade é essencial.

Dica: Ana Carolina Costa, especialista em marketing digital, recomenda: "Sempre escute seu público e ajuste a live em tempo real com base no feedback. Essa interação faz toda a diferença na retenção e no engajamento."

2. Qualidade da Produção: Lição: A Apple é um exemplo claro de como a qualidade da produção pode elevar o nível de uma live. A clareza do som, a nitidez do vídeo e uma boa edição são fatores que contribuem para uma experiência agradável.

Dica: Felipe Martins, produtor de eventos, sugere: "Invista em equipamentos de qualidade e na equipe certa. Uma transmissão de alta qualidade reflete diretamente na percepção do valor que seu público terá do seu conteúdo."

3. Preparação e Planejamento:

Lição: O sucesso dos webinars da HubSpot destaca a importância da preparação. Ter um roteiro claro, materiais de apoio e ensaiar antes da transmissão são passos essenciais para evitar imprevistos.

Dica: Juliana Freitas, coach de comunicação, aconselha: "Prepare-se como se fosse uma apresentação ao vivo. Tenha sempre um plano B para lidar com problemas técnicos e pratique sua fala para manter o ritmo da live."

4. Criação de Expectativa:

Lição: A promoção antecipada, como feita no leilão da UNICEF, é crucial para atrair espectadores. Criar expectativa por meio de teasers, parcerias e uma narrativa envolvente aumenta significativamente o número de visualizações.

Dica: Carlos Henrique, estrategista de mídias sociais, recomenda: "Divulgue sua live em todas as plataformas disponíveis e não subestime o poder do e-mail marketing para lembrar seu público sobre a data e hora da transmissão."

5. Medição e Ajustes:

Lição: Analisar os resultados da live e fazer ajustes para futuras transmissões é uma prática que deve ser constante. Entender o que funcionou e o que pode ser melhorado ajuda a aprimorar continuamente suas lives.

Dica: Laura Pereira**, analista de métricas, sugere: "Sempre revise as métricas pós-live. Taxa de engajamento, tempo médio de visualização e comentários são indicadores valiosos que ajudam a identificar pontos de melhoria."

Conclusão

Casos de sucesso como os que exploramos neste capítulo mostram que as lives podem ser uma ferramenta poderosa quando bem executadas. Ao aplicar as lições aprendidas e seguir as dicas dos profissionais, você estará no caminho certo para criar lives que não apenas atraiam, mas engajem e encantem seu público. Lembre-se de que cada live é uma oportunidade de aprendizado e crescimento, então aproveite ao máximo cada transmissão e continue ajustando sua estratégia para alcançar resultados cada vez melhores.

Capítulo 9: Conclusão

Chegamos ao final deste guia, onde exploramos detalhadamente como conduzir lives de sucesso nas principais redes sociais. Agora, é hora de consolidar os aprendizados e definir os próximos passos para colocar todo esse conhecimento em prática.

9.1 Resumo dos Pontos Principais

Ao longo deste e-book, abordamos os aspectos essenciais para a realização de lives de sucesso:

Escolha da Plataforma: Como cada rede social tem suas peculiaridades, aprendemos a selecionar a melhor plataforma para a sua audiência e objetivo.

Preparação Técnica: Desde a escolha de equipamentos até a configuração do ambiente, a preparação técnica foi destacada como um dos pilares de uma live bem-sucedida.

Engajamento e Interação: Estratégias para manter o público engajado e participativo durante as transmissões foram discutidas, incluindo o uso de perguntas, enquetes, e a importância da interação em tempo real.

Promoção: A promoção antecipada e a utilização de diferentes canais para divulgar suas lives foram identificadas como fundamentais para atrair espectadores e gerar expectativa.

Análise de Desempenho: Após cada live, a análise das métricas é crucial para identificar o que funcionou e o que pode ser melhorado nas próximas transmissões.

9.2 Próximos Passos para Alavancar Suas Lives

Agora que você tem uma compreensão sólida de como realizar lives de qualidade, é hora de planejar e executar suas próximas transmissões:

1. Reveja Suas Anotações: Volte aos pontos que você acha mais relevantes e faça um plano de ação.

2. Planeje Sua Próxima Live: Use os templates e checklists fornecidos para organizar sua transmissão.

3. Experimente Diferentes Formatos: Teste lives com diferentes durações, temas e métodos de engajamento para descobrir o que funciona melhor para seu público.

4. Monitore Seus Resultados: Acompanhe as métricas de desempenho e faça ajustes conforme necessário para melhorar continuamente suas transmissões.

5. Invista em Ferramentas: Considere o uso de ferramentas avançadas para edição, promoção e análise de lives, garantindo uma execução mais profissional e eficiente.

9.3 Recursos Adicionais e Ferramentas Recomendadas

Para ajudar você a continuar aprimorando suas lives, aqui estão alguns recursos e ferramentas recomendadas:

StreamYard: Plataforma fácil de usar para transmissão ao vivo em múltiplas redes sociais simultaneamente.

OBS Studio: Software gratuito e open-source para gravação e transmissão ao vivo com várias opções de personalização.

Canva: Ferramenta para criar thumbnails, banners e outros materiais gráficos para promover suas lives.

Google Analytics: Essencial para monitorar o tráfego e engajamento gerado pelas suas lives.

Hootsuite: Ferramenta para agendamento de posts e gestão de redes sociais, útil para a promoção de lives.

CAPÍTULO 10: BÔNUS: CHECKLISTS E TEMPLATES

Para facilitar ainda mais a execução de suas lives, preparamos alguns checklists e templates que podem ser usados antes, durante e depois das transmissões.

10.1 Checklist Pré-Live

Antes de começar a sua transmissão ao vivo, é fundamental garantir que tudo esteja preparado para evitar problemas. Use este checklist para organizar cada detalhe:

1. Verifique a conexão de internet e a velocidade de upload.
2. Teste todos os equipamentos (câmera, microfone, iluminação).
3. Prepare o ambiente (limpeza, decoração, iluminação adequada).
4. Revise o roteiro e os pontos principais que serão abordados.
5. Promova a live em todas as redes sociais e envie lembretes por e-mail.
6. Configure as plataformas de transmissão e teste a funcionalidade.
7. Tenha água e qualquer outro material de apoio por perto.

10.2 CHECKLIST PÓS-LIVE

Depois de finalizar a transmissão, alguns passos são importantes para garantir que todo o trabalho gerado pela live não se perca:

1. Salve a gravação da live para futuras referências ou para reaproveitamento de conteúdo.
2. Analise as métricas principais: visualizações, engajamento, tempo médio de visualização.
3. Agradeça ao público que participou, seja nas redes sociais ou via e-mail.
4. Colete e analise o feedback dos participantes para identificar áreas de melhoria.
5. Documente as lições aprendidas e faça ajustes no seu planejamento para as próximas lives.

10.3 TEMPLATE DE ROTEIRO DE LIVE

Ter um roteiro claro é essencial para manter o foco durante a transmissão. Aqui está um template básico que pode ser adaptado conforme a necessidade:

1. Introdução:
- Saudação inicial e introdução do tema.
- Apresentação dos palestrantes ou convidados (se houver).

2. Desenvolvimento:
- Divida o conteúdo em blocos ou tópicos principais.
- Intercale momentos de interação com o público (perguntas, enquetes).

3. Conclusão:
Recapitule os pontos principais.
Faça um call-to-action (exemplo: convide o público a seguir suas redes sociais, visitar seu site, etc.).
- Agradeça ao público e informe sobre futuras lives ou eventos.

4. Encerramento:
Dê uma despedida final e finalize a transmissão.

10.4 TEMPLATE DE PLANEJAMENTO DE CONTEÚDO PARA LIVES

Planejar o conteúdo com antecedência é fundamental para manter a consistência e relevância das suas lives. Utilize o template abaixo para organizar suas ideias:

1. **Título da Live:** Nomeie a transmissão com um título atraente.
2. **Data e Hora:** - Defina a data e o horário que melhor atendem ao seu público.
3. **Objetivo Principal:** - Estabeleça qual é o objetivo da live (exemplo: educar, entreter, vender um produto).
4. **Público-Alvo:** Descreva quem é seu público-alvo e o que eles esperam aprender ou ganhar com a live.
5. **Estrutura da Live:** Divida a transmissão em seções com tempos estimados para cada parte.
6. **Recursos Visuais e Suporte:** Liste os materiais visuais (slides, vídeos, gráficos) e ferramentas de suporte que serão usados.
7. **Estratégias de Promoção:** Planeje como a live será promovida (redes sociais, e-mail, anúncios pagos).
8. **Métricas de Sucesso:** - Determine quais KPIs (Key Performance Indicators) serão monitorados para avaliar o sucesso da live.

Esses checklists e templates são projetados para simplificar e organizar o processo de criação e execução de suas lives, permitindo que você se concentre no que realmente importa: entregar conteúdo valioso para o seu público. Ao seguir essas diretrizes e aplicar os conhecimentos adquiridos, você estará bem equipado para alcançar resultados significativos com suas transmissões ao vivo.

OS PRÊMIOS DA LIVES

As premiações em lives variam bastante dependendo da plataforma e do tipo de conteúdo que você cria. Cada plataforma tem seu próprio sistema de premiação e monetização, o que permite aos criadores de conteúdo ganhar dinheiro diretamente de seus espectadores. Vou te explicar como funcionam as premiações em algumas das principais plataformas de live streaming e quanto vale cada prêmio.

1. TikTok
No TikTok, os espectadores podem enviar "Gifts" (presentes) para os criadores durante as lives. Esses presentes são comprados com moedas virtuais que os usuários adquirem com dinheiro real. Cada presente tem um valor diferente, e o criador pode converter esses presentes em diamantes, que posteriormente podem ser trocados por dinheiro real.

Exemplos de Gifts:
Rose: 1 moeda (equivalente a aproximadamente $0.01 USD)
TikTok Universe: 34,999 moedas (equivalente a aproximadamente $500 USD)

Conversão de Diamantes para Dinheiro:
- O criador recebe 50% do valor em diamantes e pode convertê-los em dinheiro.
- 100 diamantes valem $1 USD.

Ganhos Mensais:
- Criadores populares podem ganhar de algumas centenas a milhares de dólares por mês, dependendo do número de presentes recebidos e do engajamento durante as lives.

2. YouTube

No YouTube, os criadores podem receber Super Chats e Super Stickers durante as lives. Esses são comentários pagos ou adesivos animados que aparecem em destaque na transmissão.

Valores de Super Chats:
- Podem variar de $1 USD a $500 USD por mensagem.

Valores de Super Stickers:
- Podem variar de $0.99 USD a $50 USD por adesivo.

Ganhos Mensais:
- O YouTube retém 30% do valor de cada Super Chat/Super Sticker, e o restante vai para o criador. Dependendo do tamanho da audiência, alguns criadores podem ganhar de algumas centenas a várias dezenas de milhares de dólares por mês.

3. Twitch

No Twitch, os espectadores podem apoiar os criadores com Bits (uma moeda virtual) ou Assinaturas.

Valor dos Bits:
- 1 Bit é equivalente a $0.01 USD.

Assinaturas:
- Podem ser de $4.99, $9.99 ou $24.99 USD por mês.
- O criador geralmente fica com 50% do valor da assinatura.

Ganhos Mensais:
Criadores populares no Twitch podem ganhar desde algumas centenas até centenas de milhares de dólares por mês, dependendo do número de assinaturas e do volume de Bits recebidos.

4. FACEBOOK GAMING

No Facebook Gaming, os criadores podem receber **Estrelas** dos espectadores, que são a moeda virtual da plataforma.

Valor das Estrelas:
- 1 Estrela vale $0.01 USD.

Ganhos Mensais:
- Dependendo do volume de estrelas e da base de seguidores, criadores no Facebook Gaming podem ganhar desde alguns dólares até milhares de dólares por mês.

Considerações Finais
O valor que um criador pode ganhar por mês com premiações em lives depende do tamanho de sua audiência, do nível de engajamento, e da quantidade de presentes ou doações recebidas. Criadores com uma audiência fiel e engajada podem transformar essas premiações em uma fonte significativa de renda mensal.

Além das premiações, muitas plataformas também oferecem programas de parceria e monetização que podem aumentar ainda mais os ganhos dos criadores de conteúdo.

O QUE PODE E O QUE NÃO PODE FAZER NAS LIVES:

Dicas para Evitar Problemas, Quedas e Interferências

1. Regras de Conduta nas Lives:

Pode Fazer:

Interação com o Público:
Incentive perguntas, enquetes e comentários para manter o público engajado.

Uso de Músicas com Licença:
Utilize músicas de fundo que você tenha permissão para usar (ex: músicas sem direitos autorais ou com licença adequada).

Promoção de Produtos/Serviços:
Promova produtos ou serviços relacionados ao conteúdo da live de forma natural.

Uso de Gráficos e Animações
Use elementos visuais para melhorar a apresentação e manter o interesse.

Não Pode Fazer: Uso de Conteúdo Protegido por Direitos Autorais Sem Permissão: Evite reproduzir músicas, vídeos ou imagens protegidas por direitos autorais sem a devida permissão. Isso pode resultar em strikes e até na derrubada da live.
Conteúdos Ofensivos ou Proibidos:

Evite linguagem vulgar, discurso de ódio, ou qualquer conteúdo que viole as diretrizes da plataforma.

Spam e Excesso de Promoção:
Não sobrecarregue sua live com publicidade ou conteúdo promocional excessivo, pois isso pode afastar seu público.

2. O QUE FAZ A LIVE CAIR:

Violação das Regras da Plataforma:
Cada plataforma (YouTube, Facebook, Instagram, etc.) tem suas próprias diretrizes de comunidade. Violá-las, como usar conteúdo protegido por direitos autorais sem permissão ou divulgar informações enganosas, pode resultar em uma suspensão ou término imediato da transmissão.

Problemas Técnicos:
Conexão de Internet Instável: Uma conexão de internet fraca pode fazer a sua live travar ou cair completamente.
Hardware Inadequado:
Equipamentos como câmeras e microfones que não funcionam corretamente podem comprometer a qualidade da transmissão ou até mesmo causar interrupções.

Excesso de Atividade ou Sobrecarga:

Transmissão de Alta Qualidade Sem Suporte Adequado:
Transmitir em alta definição (HD ou 4K) sem uma infraestrutura de internet forte pode levar a quedas, especialmente se você estiver usando uma rede compartilhada.

Se você estiver transmitindo em várias plataformas ao mesmo tempo (multiplataforma), certifique-se de que sua internet e software podem suportar a carga. Caso Múltiplas Plataformas Simultâneas Sem Configuração Adequada: contrário, a transmissão pode cair.

3. O QUE PODE CAUSAR INTERFERÊNCIAS:

Interferências Técnicas:

Sinais de Wi-Fi: Outros dispositivos conectados ao Wi-Fi podem causar interferências na sua conexão, resultando em lag ou baixa qualidade de transmissão.

Dispositivos Eletrônicos Próximos: Equipamentos como microondas, roteadores mal posicionados, e até mesmo outros dispositivos eletrônicos podem causar interferências no sinal de Wi-Fi.

Equipamentos de Áudio de Baixa Qualidade: Microfones ou câmeras com mau funcionamento ou de qualidade inferior podem causar ruídos, ecos e outras interferências durante a transmissão.

Interferências Ambientais:
Ruídos Externos Transmitir em um ambiente barulhento pode comprometer a qualidade do áudio. Use microfones direcionais ou filtros de ruído para minimizar esses efeitos.

Iluminação Inadequada: Uma iluminação fraca ou instável pode causar uma imagem de má qualidade. Certifique-se de que a iluminação seja constante e bem distribuída no espaço.

Dicas para Evitar Problemas:

Teste Antecipadamente: Sempre faça testes antes de iniciar uma live para garantir que todos os equipamentos estão funcionando corretamente e que a conexão à internet é estável.

Tenha um Plano B: Caso algo dê errado, como uma queda de internet ou problema técnico, tenha um plano alternativo, como mudar para uma conexão móvel ou ter um segundo dispositivo de backup.

Mantenha-se Atualizado nas Regras:
Fique sempre atento às atualizações nas regras das plataformas para evitar surpresas desagradáveis.

Seguir essas práticas ajudará a garantir que suas lives ocorram de maneira tranquila, sem interrupções ou problemas inesperados.

COMO OS ROBOS INFLUENCIAM NAS LIVES

Os robôs (ou bots) influenciam nas lives de várias maneiras, tanto de forma positiva quanto negativa, dependendo de como são utilizados. Abaixo, vou detalhar algumas das principais influências dos robôs nas transmissões ao vivo:

1. Engajamento Falso:

Engajamento falso refere-se à prática de criar uma ilusão de popularidade ou interação em uma plataforma digital, como redes sociais ou transmissões ao vivo, através de métodos não autênticos. Esses métodos podem envolver a compra de curtidas, comentários, visualizações, seguidores ou o uso de bots (robôs automatizados) para simular a atividade de usuários reais.

Principais Formas de Engajamento Falso:

1. Compra de Seguidores:

Comprar seguidores em redes sociais para aumentar o número total de seguidores de forma artificial. Esses seguidores geralmente são contas falsas ou inativas, que não interagem com o conteúdo.

2. Compra de Curtidas e Comentários:

Adquirir pacotes de curtidas ou comentários de bots ou contas falsas para aumentar a percepção de que um post ou live está recebendo muita atenção.

3. Visualizações Falsas:
Usar bots para inflar o número de visualizações em vídeos, lives ou stories, criando a impressão de que o conteúdo é muito popular.

4. Comentários Automatizados:
Utilizar bots para postar comentários automáticos em transmissões ao vivo ou postagens, muitas vezes com mensagens genéricas ou irrelevantes, para simular engajamento.

Consequências do Engajamento Falso:

Perda de Credibilidade:
Quando detectado, o uso de engajamento falso pode prejudicar a reputação de um influenciador, marca ou empresa, pois é visto como uma tentativa desonesta de manipular a percepção pública.

Penalidades das Plataformas:
Plataformas como Instagram, YouTube, e Facebook têm políticas rigorosas contra o engajamento falso. Contas que são descobertas utilizando essas práticas podem ser penalizadas com a redução de alcance, suspensão temporária ou até mesmo o banimento.

Impacto Negativo nos Algoritmos:

O engajamento falso pode atrapalhar os algoritmos das plataformas, prejudicando a distribuição orgânica de conteúdo. Isso ocorre porque os algoritmos são projetados para destacar conteúdo que realmente ressoa com as pessoas, e a atividade artificial pode confundir esse processo.

Engajamento Ineficaz:

O engajamento falso não resulta em conversões reais (como

vendas, inscrições ou fidelização de clientes). Isso significa que, mesmo que os números pareçam impressionantes, eles não se traduzem em benefícios tangíveis para a marca ou criador de conteúdo.

Por Que Evitar Engajamento Falso?

Autenticidade: Construir uma comunidade real e engajada é muito mais valioso a longo prazo. Seguidores e engajamento genuínos levam a interações mais significativas e podem resultar em maior lealdade e suporte.

Transparência: Marcas e consumidores cada vez mais valorizam a transparência e a autenticidade. Engajamento falso pode ser percebido como uma tentativa de enganar o público, o que pode afastar potenciais clientes ou seguidores.

Eficiência: Investir em estratégias que geram engajamento real e duradouro, como conteúdo de qualidade, interação autêntica e campanhas bem direcionadas, é uma abordagem muito mais eficaz para o crescimento a longo prazo.

Em resumo, embora o engajamento falso possa oferecer uma gratificação instantânea, ele não contribui para um crescimento sustentável ou para a construção de uma audiência fiel e engajada.

Robôs de Comentários e Curtidas:

Positivo:
Algumas pessoas utilizam bots para aumentar artificialmente o número de curtidas, visualizações e comentários em uma live, criando a aparência de engajamento. Isso pode atrair mais espectadores reais, pois uma live com alta interação tende a parecer mais atraente.

Negativo:
O uso de bots para inflar artificialmente o engajamento pode ser detectado pelas plataformas, levando à penalização ou até mesmo

à suspensão da conta. Além disso, o engajamento falso não gera resultados autênticos e pode prejudicar a credibilidade do criador.

2. Moderação e Suporte ao Criador:
Bots de Moderação:
Positivo: Robôs de moderação podem ser configurados para monitorar o chat em tempo real, removendo automaticamente comentários ofensivos, spam, ou links suspeitos. Isso ajuda a manter o ambiente da live saudável e focado no conteúdo.
Negativo: Se não configurados corretamente, os bots de moderação podem remover comentários de forma excessiva ou inadequada, bloqueando interações legítimas e irritando os espectadores.

Bots de Resposta Automática:

Positivo:
Esses bots podem responder automaticamente a perguntas frequentes no chat ou fornecer links e informações adicionais, permitindo que o criador se concentre na transmissão sem precisar parar para responder a cada comentário.

Negativo:
Respostas automáticas inadequadas ou genéricas podem fazer com que os espectadores se sintam ignorados, especialmente se a resposta do bot não for relevante para a pergunta feita.

3. Aumento Artificial de Visualizações:
Positivo: Bots podem ser usados para aumentar o número de visualizações de uma live, o que pode ajudar a destacar a transmissão nos algoritmos das plataformas, tornando-a mais visível para outros usuários.

Negativo:
Assim como o engajamento falso, o uso de bots para inflar visualizações pode ser penalizado pelas plataformas. Além disso, visualizações artificiais não geram engajamento real ou conversões, tornando o impacto desse aumento superficial.

4. Automação de Interações:

Bots de Engajamento Programado:

Positivo:
Bots podem ser programados para enviar mensagens em determinados momentos da live, como lembrar os espectadores de se inscrever no canal, compartilhar a live ou realizar doações. Isso ajuda a manter a live dinâmica e a promover ações desejadas pelo criador.

Negativo:
Se usados em excesso ou de forma mecânica, esses bots podem irritar os espectadores, que podem perceber as mensagens repetitivas como spam.

5. Ataques Maliciosos:
Bots de Ataque (DDoS):
Negativo:
Infelizmente, bots também podem ser usados de forma maliciosa para interromper uma live. Em ataques DDoS (Distributed Denial of Service), bots são usados para sobrecarregar o servidor da plataforma de transmissão, causando lentidão ou derrubando a live.
Proteção:
Para se proteger, é importante que os criadores utilizem serviços de segurança e proteção contra DDoS e mantenham suas credenciais e contas seguras.

6. Coleta de Dados:
Bots de Análise:

Positivo: Alguns bots são usados para coletar dados durante a live, como o comportamento dos espectadores, taxas de engajamento, e outros insights valiosos. Esses dados podem ser analisados posteriormente para otimizar futuras transmissões.
Negativo:
Se não forem devidamente informados sobre a coleta de

dados, os espectadores podem se sentir desconfortáveis, afetando a confiança no criador. Além disso, bots maliciosos podem ser usados para coletar dados pessoais de espectadores sem consentimento, o que pode levar a problemas de privacidade.

Resumo:

Os robôs têm um impacto significativo nas lives, podendo melhorar a moderação e a interação, mas também trazendo riscos como engajamento falso, interferência maliciosa e problemas de privacidade. É essencial que os criadores usem essas ferramentas com responsabilidade e ética, garantindo que o uso de bots beneficie tanto a live quanto os espectadores, sem comprometer a integridade da transmissão.

CONCLUSÃO

Agora que você percorreu todos os capítulos deste guia, está pronto para dominar o universo das lives em diferentes redes sociais. Lembre-se de que cada plataforma tem suas particularidades e vantagens, e o sucesso das suas lives dependerá de como você adapta suas estratégias para cada uma delas.

As lives são uma ferramenta poderosa para criar conexões autênticas e profundas com seu público, além de serem uma excelente forma de promover produtos, serviços e ideias. Com o conhecimento adquirido neste Ebook, você está preparado para transformar suas transmissões ao vivo em verdadeiras experiências de engajamento e conversão.

Dicas Finais:

Planejamento é essencial: Sempre planeje suas lives com antecedência, definindo objetivos claros
e um roteiro bem estruturado.

Seja autêntico:
A autenticidade é o que mais ressoa com as audiências. Não tenha medo de mostrar quem você é.

Mensure e Aprenda:
Analise os resultados de cada live e ajuste suas estratégias conforme necessárias para melhorar sempre.

Com isso, finalizamos o desenvolvimento completo do ebook sobre como fazer lives em diferentes redes sociais. Este material pode ser uma ferramenta poderosa tanto para iniciantes quanto para profissionais que desejam otimizar suas estratégias de live streaming.

www.ingramcontent.com/pod-product-compliance
Lightning Source LLC
Chambersburg PA
CBHW031432210526
45464CB00005B/2160